**Monika
Neubacher-Fesser**

Transparente Bilder zur Weihnachtszeit

CHRISTOPHORUS

BRUNNEN-REIHE

© 1995 Christophorus Verlag GmbH
Freiburg im Breisgau

Neu bearbeitete Auflage 1996

Alle Rechte vorbehalten-
Printed in Germany

ISBN 3-419-55822-8

Jede gewerbliche Nutzung der Arbeiten und Entwürfe ist nur mit Genehmigung der Urheberin und des Verlages gestattet. Bei Anwendung im Unterricht und in Kursen ist auf diesen Band der Brunnen-Reihe hinzuweisen.

Styling und Fotos: Roland Krieg, Waldkirch
Zeichnungen: Monika Neubacher-Fesser,
Umschlaggestaltung: Network!, München
Produktion: Print Production, Umkirch
Druck: Freiburger Graphische Betriebe, 1996

Christophorus
BÜCHER MIT IDEEN

Inhalt

Bilder, die stimmungsvoll leuchten

In der Weihnachtszeit spielt das Licht eine besondere Rolle. Es heißt nicht umsonst: Weihnachten, das Fest der Lichter. Zu keiner Zeit werden mehr Kerzen angezündet als zum Jahresende. Ihr Leuchten schafft Gemütlichkeit, Ruhe und Frieden, und es ergänzt mit seinem warmen Schein die wenigen Sonnenstrahlen, die die kalte Jahreszeit uns bietet.

Bei den hier gezeigten transparenten Fensterbildern, Tischlaternen und Standbildern ist das Licht von besonderer Bedeutung, denn es bringt die bunten Papiere so richtig zum Strahlen. Daher sind die Standbilder und Tischlaternen, hinter denen eine Kerze brennt, in dieser Jahreszeit so sehr beliebt. Und die Fensterbilder leuchten auch dann in farbigem Schein, wenn sich die Sonne an einem grauen Wintertag

einmal gar nicht sehen lassen will. Lassen Sie sich von ihnen und den vielen hübschen Weihnachtsmotiven in eine angenehme weihnachtliche Stimmung versetzen!

Schon Kinder können mit Hilfe der Vorlagen ihre eigenen weihnachtlichen Fensterbilder basteln. Beim Aufkleben der bunten Transparentpapiere wird vielleicht manchmal die Hilfe eines Erwachsenen nötig sein. Kleineren Kindern macht es Freude, mit bunten, selbstklebenden Transparentfolien ihre Fenster zu verschönern: die gezeigten Motive sind einfach und kinderleicht auszuschneiden.

Monika Neubacher-Fesser

Material und Hilfsmittel

Material

Für die meisten der hier vorgestellten Arbeiten wurde als Trägermaterial *schwarzer Fotokarton* verwendet. Selbstverständlich können Sie dafür auch Karton in anderen Farben wählen. *Transparentpapiere* werden im Handel in vielen Farben angeboten. Man erhält sie in Blocks oder in großen Bögen, da sie auch zum Drachenbauen verwendet werden. Inzwischen findet man im Fachhandel auch Transparentpapiere in Regenbogenfarben mit unterschiedlichem Farbverlauf. *Selbstklebende Transparentfolien*, in vielen Farben erhältlich, werden nach dem Abziehen der Trägerfolie direkt an das Fenster geklebt. Sie lassen sich später problemlos wieder abziehen. Man kann die Motive dann auf ein Papier legen und auf Wunsch für das nächste Jahr aufbewahren.

Werkzeug und Hilfsmittel

Eine *große Schere* eignet sich für lange, gerade Schnitte. Mit der *Nagelschere* lassen sich kleine, runde Formen gut ausschneiden. Alle Schneidearbeiten kann man auch mit einem *Cutter* ausführen. Eine stabile Unterlage ist dafür unerläßlich, z.B. eine dicke Pappe (Rückseite eines Zeichenblocks oder eines Kalenders) oder eine spezielle Kunststoffunterlage. Ein *Metallineal* leistet gute Dienste, wenn mit dem Cutter längere, gerade Schnitte durchgeführt werden. Kinder sollten aus Sicherheitsgründen nicht mit dem Schneidemesser arbeiten, sie sollten eine Schere benutzen. Zum Aufkleben der Transparentpapiere benötigen Sie einen gut haftenden *Klebstoff*, z.B. UHU-extra. Die Vorlagen werden mit *Kohlepapier* auf den Fotokarton übertragen.

Zur Technik

Das Übertragen der Motive

Sie können das gewünschte Motiv direkt auf Fotokarton durchpausen: Die Vorlage und den Fotokarton mit Büroklammern aneinander befestigen und das Kohlepapier dazwischenschieben. Alle Linien mit einem harten Stift nachzeichnen.

Das Ausschneiden

Zum Ausschneiden den Fotokarton auf eine dicke Unterlage (Karton, Pappe oder Kunststoffunterlage) legen und mit dem Cutter zuerst die Außenkonturen, dann die Innenkonturen ausschneiden. Dabei von innen nach außen schneiden. Das Messer sollte immer zu den Ecken oder Spitzen des Motivs hingeführt werden.

Rundungen werden mit dem Cutter in mehreren kurzen Absätzen geschnitten. Dabei das Messer nicht aus dem Papier herausziehen. Das Papier am besten in die Schnittführung hinein drehen.

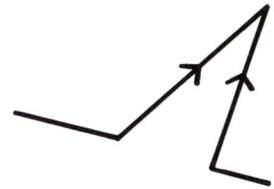

Kinder, die mit einer Schere arbeiten sollten, können auf eine Unterlage verzichten. Beim Arbeiten mit der Schere erst in die Mitte der auszuschneidenden Fläche einstechen und von hier aus, eventuell in mehreren Teilstücken, exakt an den Pauslinien entlang schneiden. Wenn Sie ein Fensterbild doppelseitig arbeiten wollen, müssen Sie das Motiv zweimal ausschneiden. Legen Sie dazu zwei Fotokartons übereinander und befestigen Sie sie mit Büroklammern.

Transparentpapiere zuschneiden und aufkleben

Das Transparentpapier in der gewünschten Farbe über die zu beklebende Innenfläche legen. Mit einem Stift diesen Bereich so großzügig umranden, daß die Schnittkanten etwa in der Mitte der umgebenden Fotokartonstege verlaufen.

Das angezeichnete Papierstück entsprechend ausschneiden. Die Fotokartonstege mit wenig Klebstoff einstreichen und das Transparentpapier festkleben.

Fertigstellung

Zum Aufhängen der Fensterbilder nehmen Sie am besten schwarze oder weiße Nähseide oder einen Nylonfaden. Dafür bei einem einfach gearbeitetem Bild mit einer dünnen Nadel den Rahmen durchstechen, einen Faden durchziehen und das Fadenende anknoten.
Bei einem doppelt gearbeiteten Bild kann der Faden vor dem Zusammenkleben zwischen die beiden Fotokartonrahmen gelegt werden.

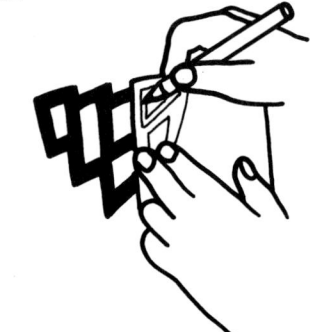

Weihnachts- mann im Heißluftballon

❶ Das Motiv nach der Vorlage auf schwarzen Fotokarton abpausen und zunächst entlang der äußeren Linien ausschneiden.

❷ Anschließend die Innenflächen herausschneiden.

❸ Die Flächen des Ballons mit passend zurechtgeschnittenen Transparentpapieren in (Farbfolge von unten) Gelb, Blau, Rot, Pink, Gelb und Rot hinterkleben, den Korb mit Braun. Mütze und Ärmel des Weihnachtsmanns mit Rot, Bart, Ärmel- und Mützenbesatz und den Bommel mit Weiß, die Handschuhe mit Blau hinter- kleben.

❹ Das Gesicht mit Rosa gestalten, zusätzlich auf der Rückseite zwei kleine Kreise aus rosafarbenem Transparent- papier als Wangen aufkleben. Vorne zwei schwarze Augen aus Foto- karton anbringen.

❺ Drei Sterne aus gelbem Trans- parentpapier ausschneiden und als weihnachtliche Verzierung von hinten auf die große gelbe Fläche des Ballons kleben.

Material
* Fotokarton in Schwarz
* Transparentpa- pier in Braun, Blau, Weiß, Gelb, Rot, Rosa, Pink

Hilfsmittel
* Klebstoff
* Faden

Vorlage A

Kerzen

Material

(für 10 Kerzen)

☀ selbstklebende
Transparentfolie
(50 cm breit) in
Grün: 5 cm,
Rot: 13 cm,
Gelb: 10 cm

Hilfsmittel
☀ Folienstift

Vorlage B

Das können schon die Kleinsten: Kerzen aus farbigen Transparentfolien ausschneiden und ans Fenster kleben.

❶ Die Folie mit der Rückseite nach oben auf die Vorlage legen und die Umrisse eines Motivs in der entsprechenden Farbe mit einem Folienstift nachziehen.

❷ Beide Flammen aus gelber Folie, die Kerzen in Rot und die Zweige in Grün ausschneiden.

❸ Dic Folienträger abziehen, die Teile zuordnen und an das Fenster kleben. Dabei die kleinere Flamme jeweils vorne auf die größere setzen.

Im Wald

1 Die grüne Folie mit der Rückseite nach oben auf die Vorlage legen und die Konturen des Tannenbaums mit Folienstift nachziehen. Die Hasen und das Reh auf die braune Folie übertragen.

2 Alle Teile ausschneiden und den Tieren mit dem schwarzen Folienstift auf der Vorderseite Augen aufmalen.

3 Die Trägerfolie abziehen und die Motive dekorativ ans Fenster kleben.

Tip: Mehrere Kinder können eine große Winterlandschaft gestalten, wenn jedes Kind ein Tier oder einen Baum ausschneidet. Mit weißer Fingerfarbe wird zusätzlich eine winterliche Stimmung an das Fenster gezaubert, indem die Kinder zwischen die aufgeklebten Motive Berge oder Schneeflocken malen.

Material
* selbstklebende Transparentfolie in Grün, Braun

Hilfsmittel
* schwarzer Folienstift

Vorlage C

Nikolaus mit Teddybär

Material

* ✻ Fotokarton in
  Schwarz
* ✻ Transparentpa-
  pier in Weiß,
  Rot, Rosa, Lila,
  Braun

Hilfsmittel

* ✻ Klebstoff
* ✻ Faden

Vorlage D

❶ Das Motiv nach der Vorlage auf schwarzen Fotokarton durchpausen.

❷ Zunächst an allen Außenkanten entlang ausschneiden, dann die Innenflächen herausschneiden.

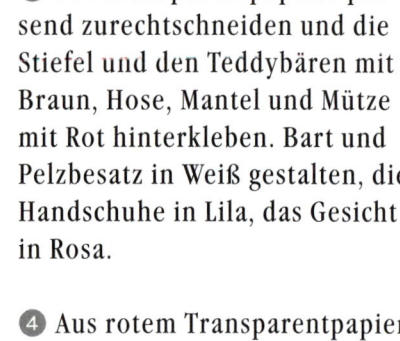

❸ Die Transparentpapiere passend zurechtschneiden und die Stiefel und den Teddybären mit Braun, Hose, Mantel und Mütze mit Rot hinterkleben. Bart und Pelzbesatz in Weiß gestalten, die Handschuhe in Lila, das Gesicht in Rosa.

❹ Aus rotem Transparentpapier die Nase ausschneiden und von hinten auf das Gesicht kleben.

❺ Aus schwarzem Fotokarton das Gesicht des Bären und das Auge des Nikolaus zurechtschneiden und auf der Vorderseite anbringen.

Lichterstadt

❶ Die Häuserreihe mit Hilfe von Kohlepapier auf schwarzen Fotokarton übertragen und die gestrichelten Linien mit einem Falzbein falzen oder mit einer Schere leicht anritzen.

❷ Zunächst die Außenkanten, anschließend die Innenflächen ausschneiden.

❸ Für die Dächer rotes, für die Fenster gelbes, für die Türen braunes Transparentpapier passend zurechtschneiden und die Flächen damit hinterkleben, die Hauswände in verschiedenen Farben oder mit Regenbogen-Transparentpapier in unterschiedlichen Farbabstufungen gestalten.

❹ Die Tischlaterne an den Falzlinien zum Haus falten und an der markierten Klebefläche zusammenkleben.

Tip: Bauen Sie sich doch für die Adventszeit eine ganze Lichterstadt!

Material
* Fotokarton in Schwarz
* Transparentpapier in Rot, Braun, Gelb, Blau, Grün, Dunkelgrün, Pink, Rosa
* Regenbogen-Transparentpapier in unterschiedlichen Farbabstufungen

Hilfsmittel
* Klebstoff

Vorlage E

13

Eisbär

Material

✳ **Fotokarton in Schwarz**

✳ **Transparentpapier in Weiß, Hellblau, Mittelblau, Dunkelgrün, Braun, Dunkelgelb**

Hilfsmittel

✳ **Klebstoff**

Vorlage F

1 Das Motiv auf schwarzen Fotokarton übertragen und entlang der Außen- und dann der Innenkonturen ausschneiden.

2 Den Himmel mit passend zurechtgeschnittenem Transparentpapier in Mittelblau, die hintere Schneefläche mit Hellblau, den Eisbären und die vordere Schneefläche mit Weiß hinterkleben.

3 Den Tannenbaum in Dunkelgrün, den Stamm in Braun, den Stern in Dunkelgelb gestalten.

4 Nach den auf dem Vorlagenbogen gestrichelt gezeichneten Flächen das Ohr und die Backe aus dunkelgelbem Transparentpapier ausschneiden und von hinten aufkleben. Das Auge aus schwarzem Fotokarton auf der Vorderseite anbringen.

5 Das Transparent an den gestrichelten Linien mit dem Falzbein falzen oder mit der Schere leicht anritzen und die Seitenteile etwas nach hinten falten.

16

Schneemann

1 Das Motiv nach der Vorlage auf schwarzen Fotokarton durchpausen.

2 Zunächst den Rahmen außen ausschneiden, dann alle Innenflächen herausschneiden.

3 Die Flächen mit passend zurechtgeschnittenen Transparentpapieren hinterkleben: die Tannenbäume mit Dunkelgrün, Schneemann, Schneebälle und die Wiese mit Weiß, die Nase mit Orange, den Hut und den Baumstamm mit Braun.

4 Für das Hutband Regenbogen-Transparentpapier im Farb-ver-lauf Gelb-Grün, für den Himmel im Verlauf Blau-Grün und für den Schal im Verlauf Lila-Blau verwenden.

5 Aus schwarzem Fotokarton die Augen und drei Knöpfe ausschneiden und vorne auf das Transparentpapier kleben.

Material
* Fotokarton in Schwarz
* Transparentpapier in Weiß, Dunkelgrün, Braun, Orange
* Regenbogen-Transparentpapier im Farbverlauf Gelb-Grün, Blau-Grün, Lila-Blau; Klebstoff

Hilfsmittel
* Klebstoff
* Faden

Vorlage G

Sterne

Material

* Fotokarton in
  Schwarz
* Transparentpa-
  pier in Gelb,
  Dunkelgelb,
  Orange, Rot
* Regenbogen-
  Transparentpa-
  pier im Farbver-
  lauf Gelb-Orange

Hilfsmittel

* Klebstoff
* Faden

Vorlage H

❶ Die einzelnen Sterne auf schwarzen Fotokarton durchpausen.

❷ Zunächst entlang der Außenlinien ausschneiden, dann die Innenflächen herausschneiden.

❸ Die Transparentpapiere passend zurechtschneiden und den kleinen Stern mit Orange hinterkleben. Bei dem mittelgroßen Stern die Mitte mit Dunkelgelb, die Außenzacken mit Rot hinterkleben.

❹ Den Stern mit Kometenschweif innen mit Gelb, den ganzen Stern noch einmal mit Dunkelgelb, den Schweif mit Regenbogen-Transparentpapier im Verlauf Gelb-Orange gestalten.

❺ Beim großen Stern den Innenstern mit Dunkelgelb und die Außenzacken mit Regenbogen-Transparentpapier im Verlauf Gelb-Orange hinterkleben.

19

Engel

① Das Motiv nach der Vorlage auf schwarzen Fotokarton durchpausen und zunächst die Außenkonturen des Bildes ausschneiden.

② Die gestrichelten Linien mit einem Falzbein falzen oder mit einer Schere leicht anritzen.

③ Alle Innenflächen herausschneiden.

④ Die Transparentpapiere passend zurechtschneiden: Die Sterne mit Gelb, Dunkelgelb und Regenbogentransparentpapier im Verlauf Gelb-Orange hinterkleben, die Kerze mit Rot, die Flamme mit Gelb.

⑤ Den Engel als eine Fläche aus Regenbogen-Transparentpapier im Verlauf Lila-Gelb ausschneiden, Gesicht, Arme und Kerze herausschneiden und dann das Regenbogen-Transparentpapier hinter den Engel kleben. Gesicht und Arme mit Braun gestalten, Augen, Mund und Nase aus schwarzem Fotokarton auf der Vorderseite aufkleben.

⑥ Die Seitenteile des Transparents etwas nach hinten falten.

Material
* Fotokarton in Schwarz
* Transparentpapier in Gelb, Dunkelgelb, Rot, Braun
* Regenbogen-Transparentpapier im Farbverlauf Gelb-Orange, Lila-Gelb

Hilfsmittel
* Klebstoff

Vorlage I

Tannenbaum

❶ Das halbe Tannenbaummotiv auf Transparentpapier oder weißes Papier durchpausen, das Papier umdrehen und die andere Hälfte gegengleich durchzeichnen; dabei auf Paßgenauigkeit achten.

❷ Den Tannenbaum auf schwarzen Fotokarton durchpausen und die Außenkonturen und die Sterne innen ausschneiden.

❸ Die Sterne mit passend zurechtgeschnittenem Regenbogen-Transparentpapier im Verlauf Gelb-Orange hinterkleben.

Pinguine

① Das Motiv nach der Vorlage auf schwarzen Fotokarton durchpausen.

② Die Pinguine zunächst an den Außenlinien ausschneiden, dann die Innenflächen herausschneiden. Dabei das schwarze Federkleid der Pinguine stehenlassen.

③ Die Transparentpapiere passend zurechtschneiden: Bauch und Augenpartien der Pinguine, Mützenbesatz und Bommel mit Weiß, die Mützen mit Rot, Schnäbel und Füße mit Dunkelgelb hinterkleben.

④ Die Kerzenflamme mit Zitronengelb, die Kerze mit Regenbogen-Transparentpapier im Verlauf Rot-Lila und den Schal im Verlauf Blau-Grün gestalten (natürlich kann für die Kerze und den Schal auch einfarbiges Transparentpapier verwendet werden).

⑤ Die Augen aus schwarzem Fotokarton ausschneiden und auf der Vorderseite aufkleben.

Material
* ✳ Fotokarton in Schwarz
* ✳ Transparentpapier in Weiß, Dunkelgelb, Zitronengelb, Rot
* ✳ Regenbogen-Transparentpapier im Farbverlauf Rot-Lila, Blau-Grün

Hilfsmittel
* ✳ Klebstoff
* ✳ Faden

Vorlage K

Schneemänner
unter Sternen

Die Tischlaterne zeigt auf jeder
der vier Seiten das gleiche Motiv,
die Schneemänner sind jedoch in
den Farben unterschiedlich ge-
staltet.

① Das Motiv nach der Vorlage auf
schwarzen Fotokarton durchpausen und die drei weiteren, motiv-
gleichen Seiten daneben pausen.
Die seitliche Klebelasche nur bei
der ersten Seite anzeichnen.

② Die gestrichelten Linien an
einem Lineal entlang mit einem
Falzbein falzen oder mit einer
Schere leicht anritzen.

③ Zuerst die Umrisse der Laterne
ausschneiden, dann alle Innenflächen.

④ Die Transparent-
papiere passend zurecht-
schneiden und die Sterne mit Gelb
und Orange, die Schneemänner
mit Weiß und ihre Nasen mit Orange hinterkleben.

⑤ Hüte, Hutbänder und die Schals
in unterschiedlichen Farben
gestalten.

⑥ Die Bodenkanten und die
Ecken vorsichtig umfalten und die
Laterne an der seitlichen Lasche
zukleben.

Materal
* Fotokarton in
  Schwarz
* Transparentpa-
  pier in Weiß,
  Gelb, Orange,
  Pink, Rot, Grün,
  Lila, Hellgrün,
  Braun, Blau

Hilfsmittel
* Klebstoff

Vorlage L

27

Weihnachtsmann im Schlitten

Material

* Fotokarton in
  Schwarz
* Transparentpapier in Braun,
  Rot, Rosa,
  Rostrot, Hellgelb,
  Gelb, Dunkelgelb,
  Orange, Hellblau,
  Hellgrün, Dunkelgrün, Lila, Weiß

Hilfsmittel

* Klebstoff
* Faden

Vorlage M

❶ Die Motive auf schwarzen Fotokarton durchpausen.

❷ Zunächst alle Außenkonturen ausschneiden, dann die Innenflächen herausschneiden.

❸ Die Transparentpapiere passend zurechtschneiden und den Schlitten mit Braun, die Geschenkpäckchen mit Bändern nach dem Foto mit Orange, Rostrot, Hellgrün, Hellblau, Hellgelb und Gelb, die Sterne mit Gelb und Dunkelgelb hinterkleben.

❹ Die Tanne mit Dunkelgrün, Mantel und Mütze des Weihnachtsmanns mit Rot, seine Handschuhe mit Lila gestalten. Bart, Mützenbesatz und Bommel mit Weiß, das Gesicht und das Ohr mit Rosa hinterkleben.

❺ Die Nase aus rotem Transparentpapier ausschneiden und von hinten auf das Gesicht kleben. Ein Auge aus schwarzem Fotokarton auf die Vorderseite des Gesichts kleben.

Weihnachtssterne

❶ Die Vorlage auf schwarzen Fotokarton übertragen.

❷ Die Blüte zunächst an den Außenlinien ausschneiden.

❸ Die Innenflächen heraus-schneiden. Dabei für die kleinen Blütenkelche am besten eine Nagelschere verwenden.

❹ Das Transparentpapier passend zurechtschneiden und die Blätter mit Dunkelgrün, die Blüte mit Rot und die Blütenkelche mit Gelb hinterkleben.

❺ Mehrere Blüten zu einem Fensterbild anordnen.

Tip: Die Weihnachtsterne sehen auch als Bordüre an jedem Fenster dekorativ aus. Einzeln sind sie ein schönes Mitbringsel.

Material
* ❋ **Fotokarton in Schwarz**
* ❋ **Transparentpapier in Rot, Gelb, Dunkelgrün**

Hilfsmittel
* ❋ **Klebstoff**
* ❋ **Faden**

Vorlage N

Neben dieser Auswahl aus der Brunnen-Reihe haben wir noch viele andere Bücher im Programm. Wir informieren Sie gerne - fordern Sie einfach unsere neuen Prospekte an:

- **Bücher für Ihre Kinder:** Basteln, Spielen und Lernen mit Kindern
- **Bücher für Ihre Hobbys:** Stoff und Seidenmalerei, Malen und Zeichnen, Keramik, Floristik
- **Bücher zum textilen Handarbeiten:** Sticken, Häkeln und Patchwork

Wir sind für Sie da, wenn Sie Fragen zu AutorInnen, Anleitungen oder Materialien haben. Und wir interessieren uns für Ihre eigenen Ideen und Anregungen. Faxen, schreiben Sie oder rufen Sie uns an. Wir hören gerne von Ihnen! Ihr Christophorus-Verlag

CHRISTOPHORUS
Bücher mit Ideen

Hermann-Herder-Str. 4 / 79104 Freiburg i. Breisgau   Tel: 0761/2717-268 oder Fax: 0761/2717-352